Cambios que suceden en la naturaleza

La fotosíntesis
de la luz del sol al alimento

Bobbie Kalman

Crabtree Publishing Company

www.crabtreebooks.com

Creado por Bobbie Kalman

Para mi amiga Marnie, que ha regresado a la Luz.
Siempre formarás parte de mí. ¡Baila con Dios!

Editora en jefe
Bobbie Kalman

Editoras
Molly Aloian
Kelley MacAulay
Kathryn Smithyman

Investigación
Niki Walker

Diseño
Margaret Amy Reiach
Samantha Crabtree
  (portada)
Robert MacGregor
  (logotipo de la serie)

Coordinación de producción
Katherine Kantor

Investigación fotográfica
Crystal Foxton

Consultora
Patricia Loesche, Ph.D., Programa sobre el comportamiento de animales,
Departamento de Psicología, University of Washington

Consultor lingüístico
Dr. Carlos García, M.D., Maestro bilingüe de Ciencias, Estudios Sociales y Matemáticas

Agradecimiento especial a
Jayevan Jayson Foster, Martin Izikson y Erika Olarte

Ilustraciones
Barbara Bedell: páginas 4, 10, 11, 17 (zooxantelas), 21 (búho y ratón), 26, 30
Antoinette "Cookie" Bortolon: página 24
Katherine Kantor: páginas 12 (raíces de la parte superior), 14 (parte inferior), 15, 16
Margaret Amy Reiach: ilustración del logotipo de la serie, páginas 1, 7, 9, 14 (parte superior),
  17 (lupa), 21 (sol)
Bonna Rouse: página 6, 8, 12 (todas, excepto las raíces de la parte superior), 13, 21 (plantas)

Fotografías
Marc Crabtree: página 22 (parte inferior derecha)
Bobbie Kalman: portada, páginas 22 (parte inferior izquierda), 27 (parte superior)
Otras imágenes de Comstock, Corbis, Corel, Creatas, Digital Stock, Digital Vision y Photodisc

Traducción
Servicios de traducción al español y de composición de textos suministrados por translations.com

Library and Archives Canada Cataloguing in Publication
Kalman, Bobbie, 1947-
  La fotosíntesis : de la luz del sol al alimento / Bobbie Kalman.

(Cambios que suceden en la naturaleza)
Includes index.
Translation of: Photosynthesis.
ISBN-13: 978-0-7787-8372-5 (bound)
ISBN-13: 978-0-7787-8386-2 (pbk.)
ISBN-10: 0-7787-8372-3 (bound)
ISBN-10: 0-7787-8386-3 (pbk.)

  1. Photosynthesis--Juvenile literature. I. Title. II. Series.

QK882.K3418 2006   j572'.46   C2006-904548-8

Library of Congress Cataloging-in-Publication Data
Kalman, Bobbie.
  [Photosynthesis. Spanish]
  La fotosíntesis : de la luz del sol al alimento / written by Bobbie Kalman.
    p. cm. -- (Cambios que suceden en la naturaleza)
  Includes index.
  ISBN-13: 978-0-7787-8372-5 (rlb)
  ISBN-10: 0-7787-8372-3 (rlb)
  ISBN-13: 978-0-7787-8386-2 (pb)
  ISBN-10: 0-7787-8386-3 (pb)
  1. Photosynthesis--Juvenile literature. I. Title. II. Series.

QK882.K29518 2006
572'.46--dc22
                                                        2006025121

Crabtree Publishing Company

www.crabtreebooks.com   1-800-387-7650

Publicado en Canadá
Crabtree Publishing
616 Welland Ave.,
St. Catharines, ON
L2M 5V6

Publicado en los Estados Unidos
Crabtree Publishing
PMB16A
350 Fifth Ave., Suite 3308
New York, NY 10118

Publicado en el Reino Unido
Crabtree Publishing
White Cross Mills
High Town, Lancaster
LA1 4XS

Publicado en Australia
Crabtree Publishing
386 Mt. Alexander Rd.
Ascot Vale (Melbourne)
VIC 3032

Contenido

Las primeras plantas

Hace mucho, mucho tiempo, en la
Tierra no había plantas, animales ni
seres humanos. Lo único que había
era rocas y océanos. En lo profundo
del océano había unos seres vivos
diminutos de color azul verdoso.
La corriente arrastró algunos de ellos
a la superficie. Muchos años
después, esos seres vivos
se convirtieron en
plantas oceánicas.

Diseminación en la tierra

Con el paso de los años, las primeras plantas cambiaron y comenzaron a crecer en tierra firme. Las plantas fueron los primeros seres vivos que vivieron en tierra firme. Al poco tiempo, había plantas verdes por todo el planeta. Estas plantas producían su propio alimento. Al hacerlo, provocaron cambios en el aire, que permitieron que otros seres vivos habitaran la Tierra.

¿Qué son las plantas?

flor

hoja

tallo

raíces

Hay plantas de distintas formas y tamaños, pero todas tienen las mismas partes: raíces, hojas y tallos. También pueden tener flores, semillas y frutos o nueces. Las nueces son un tipo de fruto.

Alimento para vivir

Las plantas, los animales y los seres humanos son seres vivos y necesitan alimento para vivir. Para obtener alimento, los seres humanos y los animales necesitan comer otros seres vivos.

Las plantas producen alimento

Las plantas no se alimentan de otros seres vivos, sino que pueden usar la luz del sol para producir su propio alimento. El proceso de producir alimento usando la luz del sol se llama **fotosíntesis**.

6

¿Qué es la fotosíntesis?

La palabra "fotosíntesis" está formada por dos palabras de origen griego: "foto" y "síntesis". "Foto" significa "luz" y "síntesis" significa "combinar". Para producir alimento, las plantas combinan la luz solar con aire y agua. El alimento que las plantas producen se llama **glucosa**, que es un tipo de azúcar.

Cómo producen alimento

Las plantas necesitan algo más que luz solar para fabricar su alimento. Necesitan **dióxido de carbono**, que es un gas que se encuentra en el aire y el agua. Las plantas necesitan aire y agua para producir alimento. Algunos tipos de plantas viven en el agua, pero la mayoría de las plantas absorben agua del suelo. El suelo también contiene **nutrientes**. Las plantas necesitan nutrientes para crecer y estar sanas.

La fotosíntesis en acción

Las plantas absorben dióxido de carbono del aire que las rodea.

Las plantas usan la luz solar para la fotosíntesis.

Durante la fotosíntesis, las plantas pierden parte del agua a través de las hojas.

*Cuando las plantas producen alimento, dejan salir **oxígeno**. El oxígeno es otro gas que está en el aire.*

Las plantas necesitan agua para la fotosíntesis. La mayoría la obtiene del suelo.

agua

9

En las hojas

La fotosíntesis se produce en las hojas de las plantas verdes. Hay hojas de muchas formas y tamaños. Algunas son anchas y otras son largas y delgadas. Algunos tipos de hojas parecen agujas, como las hojas de las **coníferas**. Las coníferas son árboles que producen conos.

rama de conífera

cono

Venas y agujeros

Observa la hoja de la derecha. Tiene venas en la superficie. Las venas transportan agua a las partes de la hoja de la misma manera en que tus venas llevan sangre por todo el cuerpo. Las hojas también están cubiertas de agujeros diminutos, demasiado pequeños para verlos a simple vista. Cada agujero es un **estoma**. Los estomas toman dióxido de carbono del aire y dejan salir oxígeno y agua. Tanto el dióxido de carbono como el agua son necesarios para que las plantas realicen la fotosíntesis.

vena

Fábricas de alimento

Las hojas también contienen diminutos **cloroplastos**, que son como pequeñas fábricas de alimento. Los cloroplastos contienen **clorofila**, que es un **pigmento** o color natural verde. La clorofila atrapa la energía solar. Sin ella no se podría producir la fotosíntesis.

La clorofila les da a las hojas el color verde.

Dentro de una hoja

Las hojas están formadas por **células** diminutas. Todos los seres vivos están hechos de células. Hay distintas clases de células y cada una realiza una tarea diferente. Las **células protectoras** de la epidermis abren y cierran los estomas para dejar salir el agua o conservarla. La epidermis es la capa externa de la hoja. Los cloroplastos de la hoja no se encuentran en la epidermis, sino en otras células del interior.

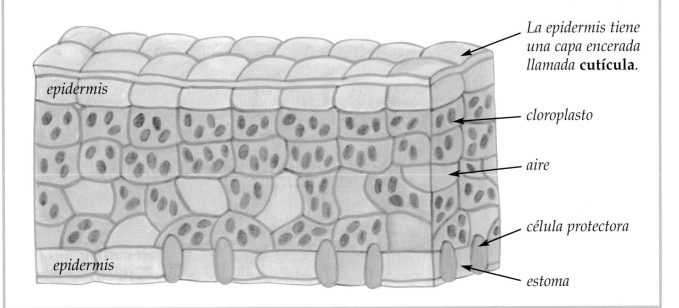

*La epidermis tiene una capa encerada llamada **cutícula**.*

epidermis

cloroplasto

aire

célula protectora

epidermis

estoma

Las raíces buscan agua

Las raíces son las partes subterráneas de la planta. La sujetan al suelo y le ayudan a producir el alimento. Su función principal es absorber agua y nutrientes del suelo. Hay tres tipos de raíces: las raíces **pivotantes**, las raíces **fibrosas** y los **estolones**.

Las raíces pivotantes salen de una raíz principal.

Las raíces fibrosas se extienden en todas direcciones para buscar la mayor cantidad posible de agua. Las plantas que crecen en zonas de poca lluvia suelen tener raíces fibrosas.

Los estolones salen de los tallos de las plantas. Los tallos se extienden por la tierra y las raíces salen de ellos.

Tallos fuertes

Los tallos de las plantas son importantes para la fotosíntesis. La mayoría mantiene erguidas a las plantas para que las hojas puedan atrapar la mayor cantidad de luz solar posible. El agua y los nutrientes van por el tallo hasta las hojas. El alimento que se fabrica en las hojas va luego por el tallo al resto de la planta. En algunas plantas, la fotosíntesis se realiza en los tallos.

Conexión entre las partes

Dentro de cada planta hay tubos que conectan todas sus partes. Un conjunto de tubos transporta agua y nutrientes al tallo, las hojas y las flores. Este conjunto de tubos se llama **xilema**. Otro conjunto, llamado **floema**, transporta el alimento desde las hojas a las demás partes de la planta. Los tubos del floema están cerca de la parte externa del tallo. Las **células de la médula** almacenan el alimento extra que la planta no usa y se encuentran en el centro del tallo.

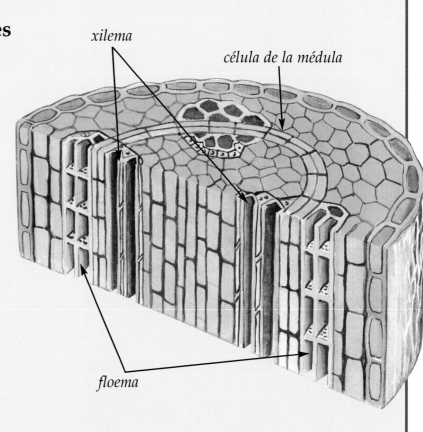

xilema

célula de la médula

floema

Plantas de desierto

Por lo general, en los desiertos no llueve durante semanas o meses, pero las plantas de todas maneras necesitan agua para la fotosíntesis. Estas plantas tienen distintas maneras de guardar el agua.

Estomas en los tallos

Los estomas de la mayoría de las plantas se encuentran en las hojas. Sin embargo, en algunas plantas del desierto, como los cactos, los estomas están en los tallos. En el cacto saguaro, que ves a la izquierda, los estomas están en los surcos del tallo. Los surcos permiten que el cacto se hinche para almacenar agua. A medida que usa el agua, se vuelve a encoger.

El tallo del cacto contiene clorofila. La clorofila absorbe la luz solar.

El cacto almacena agua en el tallo. Tiene una piel gruesa y encerada que le sirve para conservar el agua.

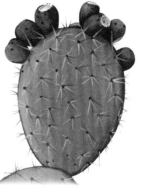

Las espinas agudas del cacto impiden que la mayoría de los animales se lo coman.

El agua se evapora

Las plantas necesitan abrir los estomas para absorber dióxido de carbono. Al hacerlo, tanto agua como aire escapan por los agujeros. En el caluroso desierto, el agua se **evapora** rápidamente y se convierte en **vapor de agua**.

Abrir de noche

Las plantas del desierto perderían mucha agua si abrieran los estomas bajo el sol ardiente. Para evitar perder tanta agua, los abren de noche en lugar de abrirlos de día.

Almacenamiento de gas

Las plantas del desierto absorben dióxido de carbono de noche para que el agua almacenada en los tallos no se evapore. Las plantas almacenan el dióxido de carbono en los tallos. Entonces la fotosíntesis se produce al día siguiente, cuando hace sol.

Los estomas se encuentran en los tallos de los cactos. Se abren de noche para absorber dióxido de carbono sin perder demasiada agua.

La fotosíntesis en el océano

La mayoría de las plantas del océano en realidad no son plantas sino **algas**. Las algas no son plantas porque no tienen raíces, tallos ni hojas. No obstante, realizan la fotosíntesis de la misma manera que las plantas terrestres. Para ello usan luz solar.

Al producir su alimento, las algas dejan salir oxígeno en el agua de los océanos. Los océanos cubren la mayor parte de la Tierra y contienen muchas algas. La fuente más importante de oxígeno de la Tierra son las algas. Son como los bosques tropicales de los océanos.

La luz del sol ilumina las aguas poco profundas.

Para producir alimento, las algas toman dióxido de carbono del agua.

Al producir su alimento, las algas sueltan oxígeno en el agua.

Plantas dentro de animales

Un tipo de alga vive dentro de unos animales llamados pólipos de coral. Las zooxantelas son plantas diminutas que viven dentro del cuerpo de estos animales. Tienen pigmentos de colores vivos que también les dan color a los corales.

Las zooxantelas y los pólipos se necesitan unos a otros para sobrevivir. Los pólipos les dan a las zooxantelas un lugar seguro donde vivir y producir alimento. Cuando las zooxantelas realizan la fotosíntesis, les dan a los pólipos alimento y oxígeno para respirar.

Los pólipos de coral son pequeños animales oceánicos que viven en grupos.

zooxantelas

La energía del sol

Todo en la Tierra necesita **energía** y todo está hecho de energía. La energía hace que el viento sople y la lluvia caiga. Les da a los seres vivos fuerza para vivir y crecer. La energía no se puede ver ni tocar, pero sin ella no podemos hacer nada. Hasta cuando duermes usas energía. ¿De dónde obtienen energía los seres humanos y los animales? ¡Pues de los alimentos!

Cuando comes pastel de calabaza recibes la energía solar que estaba almacenada en la calabaza.

Comienza con el sol

Toda la energía comienza con el sol. La energía que necesitas viene del sol, pero no la puedes tomar directamente. Sólo las plantas verdes pueden hacerlo. Las plantas son los únicos seres vivos que pueden convertir la luz solar en alimento.

Alimento de sobra

La glucosa que las plantas producen es la fuente de energía de todos los seres vivos. Cuando las plantas producen glucosa, producen más que la que necesitan. Por lo tanto, tienen alimento de sobra.

Energía almacenada

Las plantas guardan el alimento adicional en forma de energía. La energía se almacena en las hojas, los tallos, los frutos y las raíces. Al comer alimentos, tú también almacenas parte de su energía en tu cuerpo.

La energía se transfiere

Esta garceta se está comiendo una rana que se había comido un insecto. El insecto, a su vez, se había comido una planta que había producido alimento con la luz del sol. ¡Todas las cadenas alimentarias comienzan con la fotosíntesis!

Algunos animales sólo comen plantas para obtener energía. Estos animales se llaman **herbívoros** y reciben la energía del sol que estaba almacenada en las plantas. Usan parte de la energía y almacenan el resto en su cuerpo. Sin embargo, no todos los animales comen plantas. Muchos se alimentan de otros animales y se llaman **carnívoros**.

Cadenas alimentarias

Cuando un carnívoro se come a un herbívoro recibe parte de la energía del sol, pero no la obtiene directamente de las plantas. La obtiene del animal que se comió las plantas. La energía pasa de las plantas a los animales en las **cadenas alimentarias**. Todas las cadenas alimentarias empiezan con la fotosíntesis.

Cómo funciona una cadena alimentaria

Una cadena alimentaria es un modelo en el que los seres vivos comen y sirven de alimento. Observa este diagrama para ver cómo funciona una cadena alimentaria. Las flechas muestran por dónde fluye la energía.

sol

plantas

ratón

búho

Las plantas producen alimento

Durante la fotosíntesis las plantas verdes usan la energía del sol para producir alimento. Usan parte de la energía y almacenan el resto. Las plantas se llaman **productoras** porque **producen** o fabrican su alimento.

Los herbívoros comen plantas

Cuando un animal, por ejemplo, un ratón, se come una planta, obtiene parte de la energía solar que estaba almacenada en ella. Los herbívoros se llaman **consumidores primarios** porque son el **primer** grupo de seres vivos que **consume** o come un alimento.

La energía de los carnívoros

Cuando un carnívoro, por ejemplo, un búho, se come un ratón, la energía pasa al búho a través de la planta y luego del ratón. El búho es un **consumidor secundario**. Los consumidores secundarios son el segundo grupo de seres vivos que deben comer para obtener energía. Se alimentan de los consumidores primarios.

La fotosíntesis y tú

Al igual que el alimento de otros seres vivos, tu alimento empieza con la fotosíntesis. La mayoría de los seres humanos son **omnívoros**. Los omnívoros comen alimentos que provienen tanto de plantas como de animales. Cuando comes estos dos tipos de alimento, formas parte de muchas cadenas alimentarias. La energía del sol te llega a través de las plantas y la carne que comes.

Todos los tipos de alimentos que comes comienzan con la fotosíntesis.

¡Respira!

La fotosíntesis no sólo te brinda alimento, sino también el aire que respiras. Las plantas toman dióxido de carbono del aire para fabricar su alimento. Este gas es perjudicial para los seres humanos y para muchos otros seres vivos si se encuentra en demasiada cantidad en el aire.

Durante la fotosíntesis, las plantas sueltan oxígeno en el aire. Los animales y los seres humanos necesitan oxígeno para respirar. Los bosques agregan enormes cantidades de oxígeno al aire. Las plantas oceánicas agregan aún más oxígeno. Si no hubiera plantas, no tendríamos oxígeno para respirar.

23

Las plantas en invierno

En los lugares donde los inviernos son fríos, muchas plantas, como los árboles, permanecen **latentes**. Cuando las plantas están latentes no están activas y no producen alimento.

Sol y agua

En invierno hay menos horas de luz solar. Las raíces de las plantas no pueden obtener mucha agua porque el suelo está congelado.

Pierden las hojas

Las hojas de los **árboles de hoja caduca** cambian de color porque la clorofila que contienen comienza a descomponerse. Sin la clorofila para atrapar luz del sol, las hojas no pueden producir alimento. Cuando las hojas mueren, se caen de los árboles.

En primavera y verano, las hojas de los árboles de hoja caduca son verdes gracias a la clorofila.

En otoño, las hojas caducas pierden la clorofila. En consecuencia, se vuelven de color amarillo y anaranjado.

El color rojo de las hojas se debe a la glucosa que todavía está almacenada en ellas después de que se detuvo la fotosíntesis.

El color marrón se debe a los desechos que quedaron en las hojas cuando se detiene la fotosíntesis y ya no queda glucosa.

25

¿Qué has aprendido?

Observa las ilustraciones de esta página y adivina cuáles de estos seres vivos pueden producir alimento. Las respuestas están a continuación.

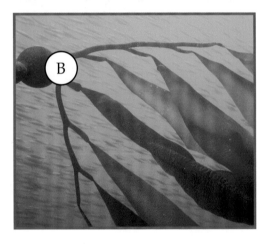

Respuestas:

A. Las setas son **hongos**, no plantas. Los hongos no pueden producir alimento porque no son verdes y no contienen clorofila.

B. Las algas marinas son algas de gran tamaño que viven en los océanos; también hay algas en ríos y lagos. Sí pueden producir alimento.

C. Las hojas verdes producen alimento, pero las de color marrón que han caído de los árboles no pueden hacerlo.

D. Los pólipos de coral tienen diminutas zooxantelas dentro de su cuerpo. Esas diminutas plantas producen alimento.

¿Qué partes comemos?

Las plantas almacenan energía en las raíces, las hojas, los tallos y los frutos. Las ilustraciones de esta página muestran distintas partes de las plantas que comemos los seres humanos. Adivina qué partes de la planta son. Une los números con la parte correcta. Las respuestas están en el cuadro a continuación. Las partes de plantas son:

tallos	flores	raíces
hojas	semillas	frutos

Respuestas:

1. La lechuga está formada por hojas.
2. La coliflor es una flor.
3. Las ramas de apio son tallos.
4. Las uvas son frutas.
5. Las zanahorias son raíces.
6. Los guisantes son semillas.

Plantas sorprendentes

Hasta las hojas muertas sirven de alimento a los seres vivos. Los gusanos, las setas y las bacterias se alimentan de estas hojas. La energía que quedaba en ellas vuelve al suelo y ayuda a crecer a las nuevas plantas.

Este diminuto lince vive en el tronco de un árbol caído.

Ya sabes que las plantas producen todo el alimento y el oxígeno de la Tierra, pero además son sorprendentes por otras razones.

Del suelo al cielo

Las plantas contribuyen a que el agua **circule**. Las raíces de las plantas buscan agua en el suelo para la fotosíntesis. Al producir alimento, dejan escapar vapor de agua. El agua que estaba bajo tierra se convierte en parte del agua que está en el aire.

El hogar de muchos animales

Las plantas proporcionan refugio a los animales. Las ardillas, los linces y muchas aves viven en los troncos o ramas de los árboles. Todo tipo de animales, incluidos los insectos, viven sobre las plantas, dentro de plantas o en medio de ellas. Los seres humanos también usan árboles y otras plantas para construir casas y fabricar muebles.

¡No me comas!

Las plantas alimentan al mundo, pero también necesitan vivir. Algunas evitan que los animales se las coman defendiéndose con agudas espinas o agujas. Unos cuantos tipos de plantas envían "mensajes" de emergencia a otras plantas o insectos.

Aromas especiales

Estos mensajes sirven para que las plantas se salven. Las plantas de frijol, algodón y maíz pueden emitir ciertos olores cuando hay demasiados insectos comiéndoselas. Esos olores atraen a otros insectos que se alimentan de los que se las estaban comiendo.

Jirafas al ataque

Las jirafas viven en África y se alimentan de árboles de acacia. Estos árboles producen una sustancia química amarga llamada **tanino**. Comer demasiado tanino es venenoso para las jirafas. Cuando las jirafas comen de las ramas de un árbol de acacia no lo hacen por mucho tiempo. En menos de 30 minutos, las ramas envían un mensaje de emergencia al resto del árbol para que produzca más tanino. No sólo ese árbol recibe el mensaje, sino que además lo reciben todas las acacias cercanas. Ellas también producen más tanino. Para evitar intoxicarse, las jirafas deben buscar nuevas zonas para encontrar suficiente alimento.

¡Gracias, plantas!

Las plantas le dan belleza a nuestra vida. Alegran todos nuestros **sentidos**. Nuestros sentidos son la vista, el olfato, el tacto, el oído y el gusto.

- Nos encanta ver las plantas en parques, jardines y **praderas**.
- Disfrutamos del aroma de las flores.
- Nos gusta sentir la suave hierba bajo los pies.
- El silencio del bosque nos da paz.
- Nos encantan los deliciosos sabores de las frutas y las verduras.

Un poema

Escribe un poema de agradecimiento a las plantas. Busca inspiración en este poema:

Gracias, plantas, por los alimentos de cada día.
Gracias, plantas, por el aire que respiro.
Gracias, flores, por las mariposas que me dan alegría.
Gracias, árboles, por llegar hasta el cielo.
Gracias, plantas, por trabajar tan duro sin esperar nada de mí.

Toda persona admira la belleza y el perfume de las flores.

Es muy agradable caminar y bailar descalzos en la hierba.

30

¡Demos un paseo!

Sin la fotosíntesis no habría naturaleza. ¡Piensa en ello! Para entender la importancia de la fotosíntesis en tu vida, pasa más tiempo en la naturaleza. Sal de paseo con toda tu familia.

Parte de la naturaleza

Estás conectado a la naturaleza a través de los alimentos que comes y el aire que respiras. Siente esa conexión con todos los sentidos.

- Da una caminata por el bosque. Nombra diez cosas que veas.

- Apóyate de espaldas en un árbol y siente la energía del árbol en el tronco. Piensa en cinco maneras en que estás conectado a los árboles.

- Pon atención. ¿Qué oyes? ¿El viento susurra en las hojas de los árboles? ¿Las aves cantan?

- Cierra los ojos. ¿A qué huele el aire?

Palabras para saber

Nota: Es posible que las palabras en negrita que están definidas en el texto no figuren en el glosario.

algas Seres vivos acuáticos parecidos a las plantas; usan la energía del sol para producir alimento

árbol de hoja caduca Árbol que pierde las hojas en otoño

célula Parte más básica de todo ser vivo; la mayoría de las plantas y los animales están hechos de millones de células

circular Moverse de un lugar a otro

cloroplastos Diminutas estructuras de las células de las plantas verdes; contienen clorofila

nutrientes Sustancias que ayudan a los seres vivos a crecer y estar sanos

omnívoro Ser vivo que come alimentos que vienen tanto de plantas como de animales

pólipos de coral Animales oceánicos que viven en grupos y forman corales

pradera Gran zona abierta cubierta de hierba

vapor de agua Gotitas de agua suspendidas en el aire

Índice

Impreso en Canadá